colección UN CELEMIN DE VIDA
director: ALFREDO LLORENTE DIEZ

Earl A. Grollman

VIVIR CUANDO UN SER QUERIDO HA MUERTO

Ediciones 29

Mandri, 41 - 08022 Barcelona (España)

La vida y la muerte
son hermanos que habitan juntos.
Se abrazan el uno al otro
y no pueden separarse.

Bahya Ibn Pakuda - Deberes del Corazón

A

Gerson S. Grollman

Samuel M. Levinson

Su recuerdo es una bendición.

Indice

Prólogo *6*

1. EL «SHOCK» *13*

2. EL SUFRIMIENTO *31*

3. LA RECUPERACION *59*

4. UNA NUEVA VIDA *75*

Prólogo

Escribía, hace ya muchos años, el gran crítico literario español Manuel de MONTOLIU, que esta cosa enorme que es la vida, desafía implacablemente todos los ensayos —algunos de ellos heroicos— que ha efectuado la novela moderna para presentarla en toda su palpitación humana, y en todas sus infinitas formas, en las páginas de un libro. Y es que la vida no resulta fácil de comprender; los esquemas que de ella trazamos son simples representaciones. Pero la vida es mucho más.

La vida es grandiosa, compleja y muchas veces ininteligible. En su trayectoria se cruzan simbolismos distintos, realidades en las que aparecen y desaparecen alegrías y pesares, éxitos y fracasos, risas y lágrimas, gracias y desgracias. Así debemos aceptar la presencia —fugaz o persistente— de la adversidad.

Y a veces ocurre que esta adversidad se hace tan opresiva, que parece insoportable y definitiva, quedando la persona ahogada en la inmensa amargura de su pena.

Una de estas circunstancias terribles —de las más terribles—, es la del fallecimiento de un ser querido.

Entonces es el momento en que la persona necesita consuelo y ayuda de sus semejantes. A veces, personalmente, con el bálsamo de la compañía y la compenetración en la pena. Sobre esto es oportuno recordar cómo el destacado higienista mental Gerald CAPLAN insiste en la virtud que tiene el grupo familiar y amistoso, para ayudar a superar la tragedia interior que sufren los familiares y amigos del difunto. De este hecho empírico, pero importantísimo, ha surgido la simiente de la denominada «intervención en la crisis», para evitar el hundimiento en la fatalidad psicopatológica de las víctimas de intensas desgracias de cualquier tipo que desarbolan los estados de ánimo y nuestro equilibrio mental.

Otras veces, cuando no puede practicarse el consuelo individualmente, de persona a persona, resulta también substitutivamente eficaz una carta que aporte una sincera y cordial expresión de sentimientos y de razonamientos que promuevan en el ánimo del destinatario una voluntad y decisión de reemprender los caminos constructivos de su vida.

Y asimismo debemos recordar que un libro apropiado puede prestar inapreciables beneficios para tolerar mejor la desgracia, para aceptar resignadamente la tragedia, haciendo renacer la ilusión y la voluntad de vivir. Y el presente libro es uno muy señalado en esta línea.

La vida siempre es un misterio. Y la muerte, también. Querer entender el misterio no resulta siempre razonable ni laudable. Creo que entonces debemos recurrir a las sabias palabras de quienes, como CICERON, nos recordaban que «*no debemos mirar como si fuera un mal nada de cuanto ha decidido el autor de la naturaleza. No hemos sido creados por azar ciego, sino que existe una potencia que vela por el género humano, y ésta no lo habría formado ni conservado, para hacerle caer, después de una larga vida de miseria, en el mal eterno de la muerte*».

El autor de este libro, el rabino Earl A. GROLLMAN, no inventa ningún principio filosófico inédito. Arrancando y fundamentándose en su experiencia vital, a lo largo de su contacto con el sufrimiento humano, su concepción del consuelo coincide prácticamente con el romano CICERON y con el pensamiento cristiano. En todos ellos adivinamos una voluntad de ayudar a quien lo necesita, de consolar al desconsolado, de reconfortar al abatido, y también un mismo concepto de Providencia —que nos hace dar cuenta de la posibilidad del bien, incluso en lo que percibimos como un mal—.

Quisiera todavía recordar que el propio CICERON, añadía: *«Nosotros no somos mortales; tan sólo nuestro cuerpo queda sujeto a la muerte; pero es el alma lo que constituye a la persona, y no nuestra forma exterior. Nuestra alma es incorruptible»*.

Termino señalando el acierto de editar este libro. Joseph JOUBERT decía que un libro es bueno, si puede hacer el bien. Y éste, puede, y por ello creo que puede ser una buena ayuda para el ánimo afligido de quien ha perdido a una persona entrañable, con su lectura serena y reconfortante.

También quiero mencionar el mérito de doña Isabel GONZALEZ al traducir este libro no sólo con fidelidad, sino dándole sensibilidad, belleza y simpatía. Lo cual ayuda también, y le da nuevos valores.

Diego Parellada Feliu
Médico Psiquiatra y escritor
Ex Catedrático de Psiquiatría
Académico C. de la
Real Academia de Medicina de Barcelona

Este libro trata de la muerte.
Está escrito para ti,
que has sufrido la pérdida de un ser querido:
cónyuge, hermano, hijo,
familiar, pariente o amigo.
En tu diario personal
      un capítulo ha concluído.

Este libro trata de la vida.
Un nuevo capítulo está empezando,
y extrae su esencia de
las páginas que lo precedieron.

Espero que este libro
te ayude a dominar sensatamente
las emociones de tu dolor y
sea para ti un reto para afrontar
positivamente
la muerte de tu ser querido.

      Una vida ha terminado; la vida continúa.

1. *EL «SHOCK»*

Tu ser querido ha muerto

Todo el mundo muere

Lo aprendiste cuando eras niño.

En innumerables ocasiones te pusiste a imaginar
cómo reaccionarías cuando
la muerte te golpeara.

Tu ser querido *ha* muerto.
No lo esperabas.

La muerte te ha golpeado como
una ola gigantesca.
Estás separado de tus amarras.
Te ahogas en el mar de tu pena personal.
La persona que ha formado parte de tu vida
se ha ido para siempre.

Es definitivo, irrevocable.
Una parte de ti ha muerto.

La punzada de las cosas perecederas

La muerte te disminuye.
Estás viviendo una pesadilla.

Piensas: «Ahora he llegado
al fondo de la desesperación.
No puedo seguir adelante».

Pero sigues adelante.

No hay consuelo.

La ausencia se convierte en la única presencia

¡Han quedado tantas cosas sin decir,
sin acabar, sin cumplir!

¡Hay tantas cosas que deseabas
compartir!
Sientes un irresistible deseo
de reunirte
con tu ser querido.
Quieres anular esta despiadada
separación.

¿Cómo puedes seguir viviendo?

Tu mundo está destrozado.

Vas a la deriva, te encuentras solo,
en la situación más difícil de la vida.

Te sientes completamente perdido.

¿Por qué?

¿Cuántas veces en épocas felices
preguntaste:
    «Por qué?»

Cuando todo iba bien y la vida
te sonreía, ¿preguntaste:
    «Por qué?»

Ahora la muerte ha sacudido tu fe:
    «¿Por qué?»
    «¿Por qué yo?»
    «¿Por qué no he muerto yo primero?»
    «¿Por qué mi vida ha de ser triste?»
    «¿Por qué?»

No existen respuestas convincentes.
Nadie comprende del todo
el misterio de la muerte.

Incluso si la pregunta fuese contestada,
¿se aliviaría tu sufrimiento,
sería menos terrible tu soledad?

No existe respuesta que tienda un puente
sobre el abismo de la irreparable separación.

No existe respuesta satisfactoria
para un dilema insoluble.

No todas las preguntas tienen respuesta.

Los *por qué* sin respuesta
forman parte de la vida.

Consejos no solicitados

Todo el mundo sabe lo que es mejor
para ti.
La gente te ofrece palabras de consuelo:

«Sé perfectamente lo que sientes».
    (Quieres gritarle: «¡No, no lo sabes!
    ¿Cómo puedes saber
    lo que estoy pasando?»)

«Lo estás superando muy bien».
    («¿Tú qué sabes cómo me siento
    cuando te vas?»)

«Tu ser querido vivió muchos años».
    («A cualquier edad la muerte es un robo»)

«Otros también lo han pasado».
    («No me importan los demás.
    En estos momentos quien me importa
    soy yo»)

«Es la voluntad de Dios».
    («Entonces este rencoroso y vengativo
    Dios debe ser mi enemigo»)

Tu corazón está destrozado y
los demás te ofrecen frases hechas.

Es que ellos también están asustados.
Se sienten amenazados y molestos.
Pero comparten tu dolor
lo mejor que pueden.

Acepta su solidaridad,
pero no tienes por qué seguir sus consejos.

Puedes decirles sencillamente:
«Gracias por venir».

Y luego haz lo que sea mejor para ti

El dolor es solamente tuyo

Mi ser querido ha muerto.
ME duele profundamente.
Una parte de *MI* vida ha cambiado.
YO no sé qué hacer.

Fíjate en las palabras:
    YO - ME - MI.
Son los pronombres del dolor.
No te sientas avergonzado de
referirte constantemente a ti mismo.

Como decía el rabino Hillel:
    «Si yo no me preocupo por mí mismo,
    ¿quién lo hará?»

Y duele

Cuando pierdes, te afliges.
Es duro tener completamente rotos
los vínculos con tu pasado.
Nunca más oirás la risa
de tu ser querido.
Debes renunciar a los planes
que habíais hecho;
abandonar tus ilusiones.

Como todas las personas que sufren
la pérdida de alguien a quien amaban,
estás pasando por un proceso
de dolor.

El momento de afligirse es AHORA.
No suprimas o ignores
tus reacciones de dolor.
Si lo haces, tus sentimientos
serán como ascuas latentes,
que más tarde pueden llegar
a encenderse y
causar una explosión más peligrosa.

La aflicción es una angustia insoportable,
es tristeza, es soledad.
Puesto que amabas, el dolor
camina a tu lado.

El dolor es una de las emociones
humanas más básicas.
El dolor es muy, muy normal.

Pero duele... de un modo diferente

No hay ninguna manera de predecir
cómo te sentirás.

Las reacciones del dolor
no son como las recetas,
con ciertos ingredientes
y determinados resultados.

*Cada persona llora la muerte de un ser
querido de un modo diferente.*

Es posible que llores histéricamente,
o
puede ser que permanezcas
aparentemente sereno,
demostrando poca emoción.

Es posible que montes en cólera
contra tu familia y tus amigos,
o
puede ser que les expreses tu agradecimiento
por su interés y dedicación.

Puedes estar tranquilo en un momento dado
y alborotado en el instante siguiente.

Las reacciones son variadas y
contradictorias.

El dolor es universal.
Pero, al mismo tiempo,
es extremadamente personal.

Cúrate a tu manera.

2. EL SUFRIMIENTO

Las múltiples caras del dolor

Tu dolor no es solamente aterrador
sino irregular.

Incluso aunque cada uno de nosotros se enfrenta
a la muerte de un modo diferente,
compartimos algunos puntos de referencia.

Es posible que reconozcas estos sentimientos:
insensibilidad
negación
cólera
pánico
enfermedad física
culpabilidad
depresión

Estas emociones son tus variaciones
en el tema del dolor.

Si experimentas estas reacciones
no eres anormal.

No hay rodeos en la aflicción.

Insensibilidad

Te encuentras en estado de «shock».
Nada parece real.
No estás aquí.
La gente te habla;
tú no respondes.

Te sientes como si fueras
simplemente un espectador.
Hay un alivio del sentimiento.
Has perdido tu capacidad
de concentración.

No tienes energía.
Hay una disminución
en tu manera de hablar, de moverte.

Estás materialmente aturdido.

Hay indicios de una parálisis
temporal que actúa como
mecanismo de protección.

Tus sentimientos más profundos están
dormidos; te sientes como si estuvieras bajo
los efectos de la anestesia.

A causa de esta insensibilidad,
no sientes nada
en los primeros momentos;
no has asimilado del todo
la terrible realidad
de la muerte de tu ser querido.

Negación

«¡Oh, Dios mío, no es verdad!»

«¡A mí no!»

«Debe haber algún error».

Cuando me despierte, comprobaré que no ha sucedido en realidad».

Interiormente piensas,
o finges, que tu ser querido
está todavía vivo.

Hablas de esa persona
en tiempo presente.

No se ha tocado nada en su habitación.
La ropa se ha dejado tal como estaba
en las perchas.

Suena el teléfono.
Por un instante piensas que es tu ser querido.

Tu ser querido no ha muerto.
La vida seguirá como antes.

No has renunciado a la esperanza
de que la persona
que quieres regresará.

Vives en el pasado,
esperando que éste vuelva.
Pensar en el presente es un
acto de infidelidad.

Necesitas tiempo.

La negación y la incredulidad
son las primeras reacciones ante la
tensión nerviosa que estás sufriendo.

Cólera

«Mira a mi vecino,
que no es una buena persona.
¡Tiene una salud perfecta!
¿Por qué no se murió él?
¿Por qué le ocurrió esto a mi ser querido,
que era tan maravilloso?
¿Qué clase de Dios me haría esto a mí?
¡Es todo tan injusto!»

Alguien debía haber ayudado.

Te sientes enfadado con todas
las personas relacionadas
con las circunstancias de la muerte:
el médico, la enfermera,
el organizador del funeral,
el sacerdote.
Te sientes como si fueras
castigado y perseguido
por un pecado que
no has cometido.

Rechazas las proposiciones
de tus amigos. ¿Cómo se atreven a hablar
de tu futuro cuando sabes
que la vida no tiene aliciente
para ti?

Estás indignado con tu ser querido
por haberte dejado.
Esa persona está «descansando»
pero tú ahora llevas todo el peso
del mundo sobre tus hombros.

Puesto que quizá creas que la persona
que ha muerto era perfecta y poderosa,
te preguntas por qué no utilizó sus extraordinarios
poderes para seguir viva.

Estás lleno de rabia
sobre todo contigo mismo.
«¿Por qué no me preocupé más?»
te preguntas una y otra vez.

Tu cólera no es
ni justa ni injusta.

Debe ser aceptada,
no suprimida.
Los pensamientos
y sentimientos de cólera
ayudan a expresar
las frustraciones.
Quieres golpear a aquéllos
que causaron tu sufrimiento.

El resentimiento forma parte
de tu proceso de dolor
y es algo normal.
A medida que tu dolor
vaya disminuyendo,
irá disminuyendo tu cólera.

Pánico

«¿Qué me va a ocurrir?»

Tus músculos están
rígidos y tensos.
Tu mente trabaja
al máximo.
No puedes pensar
con claridad.
Las decisiones más
sencillas y rutinarias
se convierten en
grandes problemas.

Estás emocionalmente desorganizado:
    solo,
    confuso,
    desamparado,
    desesperado.

«Si no puedo traer conmigo
a mi ser querido,
quizá debería reunirme con él».

Suicidio.

«Es una locura decir una cosa así.
¿Estoy perdiendo la cabeza?»

No.

El dolor te ha dejado
consumido y agotado.
¿Qué esperabas?
¿Llenar el vacío inmediatamente?
¿Seguir viviendo como antes?

No hay atajos en el proceso del dolor.

Hay que pasar plenamente por él.

Enfermedad física

No estás trastornado
sólo mentalmente;
también físicamente
estás agotado y es posible
que experimentes
en tu cuerpo síntomas
no acostumbrados:

náuseas
vértigo
palpitaciones
opresión en la garganta
sequedad de boca
sensación de repugnancia
en la boca del estómago
erupción cutánea
dolores de cabeza
dolores de espalda
pérdida del apetito

considerable pérdida de peso
o incluso aumento de peso
insomnio
suspiros
fatiga
«cierta seguridad» de que ahora
tienes la misma enfermedad
fatal que mató a tu ser querido.
O de que tendrás
una desgracia similar.

La emociones depresivas
producen dolor físico.

«Un hombre es lo que piensa».
                    Proverbios, 23:7

Es la respuesta de tu cuerpo
a la aflicción.

Culpabilidad

«Si al menos hubiera...

tratado a mi ser querido
más cariñosamente.

Llamado antes al médico.

Comprendido todo el alcance
de la enfermedad.

Tenido mejor cuidado de él (o ella).

Tenido más paciencia.

Expresado mi cariño
con más frecuencia.»

Cuando llega la muerte,
se examina la vida.

Te das perfecta cuenta
de tus fallos, reales o imaginarios.
Quieres rectificar
los errores del pasado.
Deseas reparar las injusticias
que has cometido.

Algunas personas incluso
se castigan a sí mismas
con actos autodestructivos,
como si dijeran: «Mira cuánto sufro.
¿No demuestra esto mi gran amor?»

La autorrecriminación es una manera
de anular todas las cosas que ahora
te hacen sentir culpable.

Y quizá fuiste culpable.
Tal vez dijiste cosas
que no debías haber dicho.
Tal vez dejaste de hacer cosas
que debías haber hecho.
Pero, ¿a quién no le ha ocurrido lo mismo?
El pasado es el pasado.
No puede cambiarse.
Ya tienes demasiado sufrimiento
como para añadir el peso
de la autoacusación,
el autorreproche y la
autodesaprobación.

Un sabio sacerdote dijo una vez:
«Creo que Dios te perdona.
La cuestión es:
¿Te perdonas tú a ti mismo?»

Depresión

Ya que no te importa que aspecto tienes
o como vistes.
No tienes autoestisma.
Debes ser inepto, no mereces la pena.

Puesto que no te aceptas a ti mismo,
no te sientes merecedor del afecto de tu
familia y tus amigos.
A su vez, ellos no comprenden tu súbito
desinterés y abandono.

No hallas satisfacción
en nada ni en nadie.
Te sientes indefenso,
desprotegido.

Has perdido todo el interés
no solamente en ti mismo
y en los que te rodean,
sino en la vida misma.

Puesto que tú estás vacío,
vacío está el mundo que te rodea.

Esta depresión no es debilidad.
Es una necesidad psicológica.
Es uno de los caminos lentos y tortuosos
de la pena y la pérdida.
Es parte del triste proceso de decir
«adiós»
a tu ser querido.

3. *LA RECUPERACION*

Acepta tu pérdida

Tu ser querido no
«se ha ido a realizar un largo viaje»
«ha ido por delante»
«ha partido»
«ha desaparecido»
«ha expirado».

Tu ser querido ha *muerto*

Intenta evitar las evasiones,
los eufemismos,
los cuentos de hadas.

Renuncia al mundo de la fantasía.

Lo que es
—lo que no puede cambiarse—
debe aceptarse.

Aunque sea la cosa más difícil
que hayas hecho en tu vida,
ahora debes afrontar la realidad.

La negación de la tragedia no significa
salud mental.

La salud mental es el reconocimiento
del dolor y el intento de vivir con él.

El funeral ha terminado.
Las flores se han marchitado.
Ahora la pérdida se hace real.
Tu ser querido *está muerto*.

¿Puedes pronunciar la palabra *muerto*?

Inténtalo.

La muerte es un hecho, un hecho amargo.
Afróntalo.

*«Díos mío,
dame el valor para cambiar
las cosas que puedo cambiar,
la serenidad para aceptar
las cosas que no puedo cambiar
y la sabiduría para distinguir
las unas de las otras».*

Thomas C. Hart

Expresa tus sentimientos

Habrá personas que te dirán:
«Sé fuerte».
«Sé valiente».
No les hagas caso.

En estos momentos el dominio
de ti mismo
no es ninguna virtud.

Es imposible dominar racionalmente
tu pesada carga emocional.

Los «valientes», los que no se inmutan,
son los que tienen más
dificultades para superarla.

Quieres olvidar, escapar,
dormir.

Los sedantes, los tranquilizantes,
los barbitúricos, los estimulantes
parecen ser una manera fácil
de aliviar tu angustioso dolor.

¡Ten cuidado con los medicamentos!

Si te los receta tu médico,
sigue fielmente sus instrucciones
cuando los tomes.

Sin embargo, cuando estás
sometido a una fuerte
presión psicológica,
el uso moderado puede llegar
a ser excesivo
al poco tiempo.

No decidas por ti mismo
las dosis que debes tomar.

La dependencia del alcohol
también puede ser perjudicial.

No sustituyas la dependencia humana
por la dependencia
de los medicamentos
y del alcohol.

Necesitas descargar tus emociones.

Pero no podrás hacerlo si dependes
de los narcóticos,
que pueden inhibir la memoria
y los sentimientos.

El llanto es un medio que te servirá
para salir de la profunda desesperación
en que te encuentras.

Naturalmente el llanto
no te devolverá
a tu ser querido.
Es precisamente por eso
por lo que lloras.
Porque no puedes
devolver la vida
a tu ser querido.

Las lágrimas no son una
muestra de debilidad.

Cuando los miembros de una familia,
hombres y mujeres,
lloran juntos,
comparten el inexplicable dolor
de la separación.

Por lo tanto, expresa
tus sentimientos de dolor;
permítete a ti mismo
demostrar tu dolor.

Habla hasta que te liberes

Habla de ello.
Expresa tus sentimientos
con palabras.
Llama a tus emociones
por su verdadero nombre:

«Estoy furioso»
«Estoy triste»
«Estoy dolido»

Dilo en voz alta.
Grítalo si quieres.
Es posible que te sientas aliviado.

A algunas personas les gusta llevar un diario
para expresar sus sentimientos por escrito.
Puedes probarlo tú también.

Repite una y otra vez
todas las circunstancias que
rodearon tu pérdida.

Repasa los recuerdos agradables
y los desagradables.

Los agradables,
por el amor que compartiste.
Los desagradables,
porque toda relación
está impreganda de tristeza
lo mismo que de alegría.

Habla, gesticula, llora, grita,
expresa con todo tu cuerpo
y toda tu mente
el dolor que sientes.
Desahógate.

La pena, como el río,
debe tener salida
para que no erosione las orillas.

4. UNA NUEVA VIDA

Tómate el tiempo que necesites

La vida no es justa.
Tienes que encontrar la manera
de vivir con una vida injusta,
de vivir sin la persona a quien querías.

¿Cómo empezar?

Tal vez con un comienzo
completamente nuevo
en algún lugar que te aparte
de los recuerdos dolorosos.

¿Por qué no...
vender tu casa?
¿trasladarte a otra ciudad?
¿empezar realmente de nuevo?

¡Espera!

Ahora tu opinión es vacilante.
Acostumbrarse a una nueva vida
requiere tiempo y reflexión.

Muchas personas se han alejado,
sin reflexionar,
de su ambiente familiar
y solamente han encontrado
mayor confusión e incertidumbre.

Si puedes, aplaza
las decisiones importantes.

Camina. No corras.

«*No puedes plantar
una bellota por la mañana
con la esperanza
de sentarte a la sombra
de un roble por la tarde*».

Antoine de Saint Exupéry

Recuerdos del pasado...
Un puente hacia el futuro

La profundidad de tu pena disminuye
lentamente y a veces imperceptiblemente.

Tu recuperación no es un acto
de deslealtad hacia la persona
que ha muerto.

Ni se consigue «olvidando» el pasado.

Las fotografías y los recuerdos
pueden ser recordatorios tangibles
de los días que se fueron.

No trates de destruir una hermosa
parte de tu vida porque te duela recordarla.

Así como somos hijos del hoy
y del mañana,
también somos hijos del ayer.

> *El pasado aún viaja con nosotros*
> *y lo que ha sido nos hace*
> *ser lo que somos.*

Pero los recuerdos no bastan.

No debes convertirte en un «esclavo» del pasado
adorando el altar conmemorativo
que tú mismo has levantado.
No debes pensar: «Todo sigue igual.
Nada ha cambiado».

Si lo crees así, estás impidiendo
la construcción de un puente hacia el futuro.
Estarás viviendo en un mundo hecho
exclusivamente de recuerdos.

Intenta establecer ese delicado equilibrio
entre un ayer que debe ser recordado
y un mañana que debe ser creado.

La medicina del tiempo

El proceso del dolor requiere tiempo.
¿Cuánto?
Depende mucho de ti y de tu relación
con tu ser querido.

¿Cuándo murió?
¿Tuvo una larga enfermedad?
¿Cuánta ayuda has recibido?

¿Crees que estás demostrando tu amor
al prolongar la duración de tu dolor?

Porque hay muchas variables,
una persona puede asumir rápidamente
el doloroso acontecimiento de la muerte y
elaborar nuevas pautas de conducta,
mientras que otra,
incluso después de un largo período de dolor,
aún no puede adaptarse a una nueva vida.

Tendrás muchos tropiezos y caídas
hasta que sientas que tus pies se encuentran
de nuevo en tierra firme.

Precisamente cuando estés haciendo
grandes progresos,
recibirás un contratiempo alarmante.

Puede ocurrir en una fiesta,
un cumpleaños, un aniversario.

O puede ser provocado
por tu canción favorita
que oirás por la radio.

Creerás que has vuelto a donde empezó todo,
al amargo momento de la muerte.

Pero, recuerda, la angustia, como el éxtasis,
no es para siempre.

«El tiempo todo lo cura», dice la gente.

Puede ser.
Es posible que te ayude a aliviar tu dolor.

Pero la medicina del tiempo,
tomada por sí misma,
no es segura.

El tiempo es neutral.

*Lo que ayuda es lo que tú haces
con el tiempo.*

¿Estás utilizando el tiempo
para enfrentarte al hecho
de que la persona a quien querías
está muerta?

¿Estás utilizando el tiempo
para desahogarte de
tus temores y ansiedades?

¿Estás utilizando el tiempo para
crearte la capacidad
de disfrutar sin sentirte culpable?

¿Estás utilizando el tiempo para construirte
una vida con nuevas amistades?

¿Existe tendencia hacia una mejoría?

Tú tienes que ayudar al tiempo a curarte.

Haz algo.
Incluso las cosas rutinarias ayudan

Es duro empezar un nuevo modo de vida.

Simplemente no puedes recobrar
la energía o la concentración necesaria
para empezar de nuevo.

Es difícil dar las gracias por las cartas
de pésame
y las muestras de condolencia.
O incluso localizar un testamento,
o comprobar unas pólizas de seguros.

Hacer todas estas cosas es angustioso
porque parece que
hacen permanente
la separación.
Buscas excusas para no hacer lo que debes.

Y, sin embargo, tienes que hacerlo,
tanto si te gusta como si no.

Declinas invitaciones para visitar a los amigos.
¿Buscas excusas para quedarte en casa?

Es comprensible.
Tu hogar es ahora tu refugio.
Es seguro, aislado, protector.
Quedarte en casa te evita el tener que
enfrentarte a los demás.
Como te inquieta el arriesgarte a salir de casa,
te retiras.

Pero debes reconocer que estás huyendo
hacia la soledad.

La primera vez que salgas de casa
para ir al mercado
puede ser una experiencia desastrosa.

Es posible que te sorprendas a ti mismo llorando
si el tendero te expresa su pésame.

Pero una vez lo hayas hecho,
ya se acabó.

Ya no tendrás que pasar más
por la penosa experiencia
con esa persona.

Lo has conseguido.
Estás fuera de casa.
Sigues existiendo.

No como antes.
No de la manera que habrías elegido
(si hubieras podido escoger).

Pero estás empezando de nuevo.

Ahora debes prepararte para el futuro.
haz una lista de actividades
para los próximo días.

Haz planes.

No tienes por qué seguirlos al pie de la letra,
pero haz planes.
Te enfrentas al amargo hecho
de que estás destinado a seguir viviendo.

*«La vida sigue... , pero, francamente,
no recuerdo por qué».*

Edna St. Vincent Millay

Vive al día

Los recuerdos —tiernos, cariñosos, agridulces.
Nunca se apartarán de ti.
Nada puede restar valor a la alegría
y a la belleza que tú y tu ser querido habéis
compartido.

Tu amor por esa persona
y su amor por ti no pueden ser alterados
por el tiempo o las circunstancias.
Los recuerdos están grabados en tu memoria.
El ayer ha terminado, aunque lo guardes
entre los preciosos tesoros del pasado.

¿Y mañana?

¿Cómo podrás enfrentarte a
sus grandes problemas y retos?
Controlar el ayer está más allá
de tu dominio y tu capacidad.

Vive al día.
No intentes resolver
todos los problemas
de tu vida a la vez.

La supervivencia de cada día
es ya un triunfo.

El descubrimiento de nuevos recursos dentro de ti mismo

Estás haciendo cosas que nunca
te hubieras imaginado.
Estás descubriendo aptitudes ocultas
que nunca antes habías utilizado.

Nunca antes tuviste la necesidad
de revisar el talonario de cheques.
Después de muchos intentos,
al final lo consigues.

«Nunca he sido capaz de encargarme
del mantenimiento de la casa».
Acabas de reponer el fusible fundido.
O colocas una arandela en un grifo que gotea.

Experimentas un sentimiento de satisfacción interior.

«Nunca creí que pudiera hacer tantas cosas. Antes nunca tuve que hacerlas».

Te estás haciendo menos dependiente.
Estás declarando tu independencia.
Te estás adaptando a una nueva vida.

Salir de ti mismo

Necesitas diversiones,
pequeñas variaciones y cambios,
como por ejemplo una actividad física:

> Sumergirte completamente
> en el cuidado del jardín,
> o jugar al tenis o al golf,
> o simplemente pasear por el parque.

Los sentimientos pueden liberarse
maravillosamente

pintando,
leyendo,
bailando,
escribiendo o
formando parte de un grupo de teatro
de aficionados.

Y viaja. Es una oportunidad
para conocer a otras personas,
ver otros lugares y
valorar tu vida sin las presiones cotidianas.

Pero al principio ten cuidado
de no verte excesivamente metido
en una actividad interminable.

En períodos de tensión nerviosa necesitas tiempo
para el descanso de tu cuerpo y de tu mente.
Necesitas estar solo.

La soledad deseada no es estar solo;
estar solo es el dolor de no tener a nadie a tu lado.
La soledad deseada es la gloria de estar vivo.

En la soledad deseada
tienes tiempo de pensar,
de hacer balance de tu vida pasada y
ver las posibilidades de tu vida futura.

La Fe y la Filosofía

La muerte es un viaje hacia lo desconocido.

El modo en que soportas la muerte
de tu ser querido
revela mucho sobre tu manera de ver la vida.
Es posible que tu religión te proporcione
una base filosófica
para afrontar momentos de oscuridad
y desesperación.

La religión no ignora tu temor natural
a una dolorosa separación.

Tu fe te ofrece más bien una manera de compartir
los recursos en tu encuentro con el
desamparo, la culpabilidad y la soledad.

Podrás comprobar que ningún acontecimiento
— ni siquiera la muerte —
te aparta de Dios.

El funeral te incluye en la participación
llena de sentido de los valores espirituales.

Las costumbres y los rituales del funeral
pueden jugar un papel importante en
el proceso curativo del dolor.

El apoyo de la comunidad religiosa
aporta un sentimiento de solidaridad y consuelo.

Para muchas personas, la creencia
en otra vida es una ayuda para aliviar
el dolor del conocimiento
de la naturaleza finita del ser humano.

La fe te ofrece una fuente de fortaleza
más allá de ti mismo.

Los amigos y otras personas que pueden ayudarte

El dolor compartido es un dolor disminuído.
Estás empezando a aceptar la solidaridad
de los demás.
Todo el mundo necesita el apoyo de la sociedad.

Si tienes un amigo íntimo, de confianza,
eres realmente afortunado.

Una persona que compartirá contigo
la angustia de tu aflicción,
de modo que en tu penosa senda
no caminarás solo.

Acepta la fortaleza que puede obtenerse
de alguien que se preocupe por ti.

Pero no permitas que nadie
te ahogue o
se haga cargo de tu vida.

Además, es posible que te sientas defraudado.
Algunos de tus viejos amigos
puede ser que «te abandonen».
Después de haber dado muestras de su pésame,
parecen haber desaparecido.
No has sabido más de ellos
desde el funeral.

Pero, ¿no has pensado que quizá
se sientan amenazados y
no quieran saber nada del dolor?
¿O que crean, erróneamente,
que quieres estar solo?

Sin embargo, no estás solo.

Existen organizaciones de personas
que han sufrido
una aflicción semejante y
están preparadas para ayudarte.

Te escucharán.

Es posible que necesites
otra clase de ayuda.

Después de un cierto tiempo,
no creas que «lo estás consguiendo».
No puedes dominarte
a ti mismo.
La depresión se hace más profunda.
El agotamiento físico
empeora cada vez más.
Dependes más de los medicamentos
o del alcohol.
El deseo de morir se hace más intenso.

Necesitas ayuda.

Ponte en contacto enseguida
con el médico que cuida
a tu familia,
o con un sacerdote a quien conozcas
y respetos,
o con un organismo de asistencia social,
o con una clínica de salud mental.

Pedir ayuda profesional
no significa debilidad.

Es una demostración
de tu decisión y coraje.

Ayuda a los demás

Empieza a dedicar parte de tus energías
a los demás,
no solamente a ti mismo.

*«Aquéllos que llevan la luz del sol a los demás,
no la pueden alejar de sí mismos».*

Sir James Barrie

Existen otras personas que han sufrido y
que tienen necesidades en las que tú,
que estás de luto,
puedes ahora ser útil.

Hay
    hospitales
    asociaciones caritativas
    parroquias
    que necesitan tu ayuda.

Puedes ser una gran ayuda para ellos.

Puedes leer a los ciegos.

No estás solo
en tu sufrimiento y tu crisis.

    Cuando experimentamos una pena
    nos convertimos en hermanos
    de todos los hombres.

Al principio tienes que obligarte
a ti mismo
a dejar la seguridad de tu casa
para compartir los problemas de otras personas.

¿Vale la pena el esfuerzo?
Ya tienes bastante con tu propio dolor.
¿Por qué cargarte con el dolor
de los demás?

Y hasta es posible que te rechacen.

Pero inténtalo.
Ofrece tus servicios.
Ya verás qué pronto
te sientes comprometido.

Descubrirás que
eres importante,
desean tu ayuda,
te necesitan.

Precisamente porque tú mismo
has experimentado el dolor,
eres más capaz de comprender
las angustias de los demás.

Al levantar tu mano
para ayudar a otro,
te estás levantando
a ti mismo.

Recuerdos vivos

En una época, los hombres construyeron
palacios de piedra,
rebuscados mausoleos,
como un modo de recordar a sus muertos.

Hay otras maneras de perpetuar
la memoria de tu ser querido.
A través de tu propia vida
puedes prolongar el recuerdo.

La muerte te ofrece dos alternativas.
Te puede conducir al borde del abismo.
O puedes construir un puente
que se extienda sobre ese abismo.

Tu ser querido todavía
forma parte de tu vida.

Sea lo que fuere lo que te hacía
querer a esa persona,
puedes convertirlo en realidad
para los demás.

> *El recuerdo de los muertos*
> *puede, sin duda, durar más*
> *que los monumentos a los muertos.*

La recuperación y el crecimiento

Es posible que no hayas recuperado
del todo tu equilibrio.
Sin embargo, la vida continúa,
aunque las cicatrices queden.
Respiras, te mueves, sigues funcionando.
Ahora ya puedes recordar
a tu ser querido y
las circunstancias
que rodearon su muerte,
sin desmoronarte.

Habías subestimado
tu capacidad de supervivencia.
Si al volver la vista atrás hay oscuridad,
sin embargo hay suficiente luz como para
seguir adelante.

La muerte te ha puesto cara a cara
con tu propia mortalidad.
Ahora miras este mundo irracional
con ojos diferentes.
Te has formado ideas de algo
que antes había pasado despercibido para ti.

*«Lo que no me mata
me hace más fuerte».*

Friedrich Nietzsche

Eres más consciente que antes
de lo que es importante
y lo que es trivial.

Tu ser querido vivió.
Pero tú aún estás vivo.

«Vale la pena esperar el futuro».

Henry David Thoreau

Has cambiado.

Has «crecido».

Por primera vez comprendes
lo que el salmista quiso decir al exclamar:
«Sí, aunque tenga que PASAR POR
el valle de la sombra de la muerte».

Las palabras importantes son
«PASAR POR».

Tú PASAS POR.
No te quedas donde estabas.

La vida es para los vivos.

© Título original de la obra: LIVING WHEN A LOVED ONE HAS DIED
Publicado por acuerdo con *Beacon Press,* Boston, MA, U.S.A.

Traducción: Isabel González Baniandrés

Fotos: Porta/Biosca
        Archivo E.29

Cubierta: Ripoll Arias + Equipo editorial
Foto cubierta: Porta/Biosca

Impreso en España
Printed in Spain
ISBN: 84-7175-235-2
Depósito legal: B. 16.343-1993

Todos los derechos reservados
© de la edición en español:
EDICIONES 29. Mandri, 41. 08022 Barcelona

Impreso en Duplex, S.A.
Ciudad de la Asunción, 26. 08030 Barcelona

No está permitida la reproducción total o parcial de este libro —incluida la cubierta— ni su grabación en un sistema informático, ni la transmisión en cualquier forma, ya sea ésta electrónica, mecánica, por fotocopiadora, por registro o por cualquier otro método, sin el permiso previo y por escrito de los titulares del copyright.

Ediciones 29, registro editorial n.º 688